PAGES

DE

GLOIRE

Recueil des Glorieux Faits d'Armes

et Actes de Bravoures de nos Soldats

durant la Guerre Européenne

PREMIÈRE EDITION

Prix :
centimes

COMPTOIR INDUSTRIEL

10, Place des Célestins

Lyon

Les Pages de Gloire

A Vous !

Mères, Epouses *que nous avons laissées au foyer et attendez, anxieuses les nouvelles des êtres chers partis refouler l'envahisseur.*

Hommes *dont la santé empêche d'apporter au secours de la Patrie l'appui nécessaire.*

Enfants *qui rêvez notre France plus grande et plus belle.*

Lisez ces Pages de Gloire !

Réconfortantes, elles vous feront attendre plus patiemment le succès et la paix qui ramènera victorieux nos chers soldats.

LA FIN D'UN PETIT ZOUAVE.

Il est mort, le pauvre petit soldat inconnu qu'on a déposé à notre porte, et de lui, nous n'avons presque rien su, si ce n'est qu'il était brave et qu'il fut blessé au service de son pays !...

Un petit zouave, immobile, les yeux fixant je ne sais quel mauvais songe, personnifiait la Douleur... Tout son misérable corps souffrait indiciblement... « Ah ! gémissait-il, ah !... » tandis qu'on le transportait. Et cette plainte s'exhalant d'un pauvre être frappé en pleine jeunesse, chavirait le cœur... Il pouvait avoir vingt ans, le gosse. Ses yeux clairs, ses cheveux blonds, sa bonne face ronde, donnaient à l'expression de sa peine quelque chose d'enfantin... On eût voulu le consoler, le prendre dans ses bras, l'embrasser maternellement, lui dire : — Ne pleure pas, petit, nous allons te guérir...

Mais il fallait d'abord songer à le débarrasser de ses vêtements, à tirer de ses pieds crispés les grosses bottes à clous, à remplacer par du linge frais les loques qui s'attachaient à ses plaies, et cela présentait une série de difficultés insoupçonnées... « Ah ! » modulait-il avec des accents déchirants pendant tout le temps qu'on essayait de découper les pièces de son uniforme, et doucement, lentement, une à une, de les faire glisser... Malgré ces souffrances, la jeunesse, chez lui, semblait la plus forte ; son teint rose à peine altéré, permettait l'espoir... Et puis, il avait souri dans son lit, pris d'une confiance soudaine dans notre secours... et ce sourire présageait une heureuse résurrection... Hélas ! l'enfant mourut... Ce fut un moment d'émotion douloureuse... Le petit zouave, blessé au champ d'honneur, défenseur de sa patrie, venait d'accomplir sa destinée... Du moins, avait-il connu cette douceur de s'éteindre entre des bras tendres, de sentir sur son front la caresse de mains féminines et d'entendre les paroles pleines de pitié qui consolent... « Maman ! » avait-il murmuré avec ferveur... « Maman ! » cri suprême de l'âme en détresse ; et, instinctivement, il blottit sa tête sur le cœur maternel qui s'offrait. Et puis, il expira...

Mort pour la Patrie ! Cela est beau, cela est simple, cela demande des larmes de femmes : nous te les avons données.

◆

NOS ARTISTES

Nos artistes s'occupent.

On nous demandait, l'autre jour, ce qu'était devenu l'excellent Noté, de l'Opéra.

L'excellent Noté a fait de bonne besogne, occupant ses loisirs à chanter pour les blessés. Il a chanté dans le Calvados, il a chanté dans le Rhône, ailleurs encore, récoltant plus de 15.000 francs au profit des blessés.

La *Marseillaise* et la *Brabançonne* n'ont jamais été chantées avec une voix plus sonore et au milieu d'un enthousiasme plus vibrant.

LES DERNIÈRES PAROLES
D'UN INSTITUTEUR SOLDAT

Plusieurs instituteurs de la Corrèze sont tombés sous les balles allemandes.

L'un d'eux, Léon Bouny, instituteur-adjoint à Auriac, sous-lieutenant au 108e d'infanterie, blessé à Saint-Hilaire-le-Grand et décédé à l'hôpital de Chalons-sur-Marne, a écrit, trois jours avant sa mort, cette belle lettre à son oncle, instituteur à Soursac :

« Chers Parrain et Marraine,

» Je vous écris à vous, pour ne pas tuer maman que cela « surprendrait trop.

« J'ai été blessé le 29 septembre devant Saint-Hilaire-« le-Grand. J'ai deux blessures hideuses et je n'en ai pas « pour bien longtemps. Les majors ne me le cachent « même pas.

« Je pars sans regret, avec la conscience d'avoir fait « mon devoir.

« Prévenez donc mes parents le mieux que vous pour-« rez ; qu'ils ne cherchent pas à venir à Suippes, ils n'en « auraient sûrement pas le temps.

« Adieu, cher Parrain, chère Marraine, chers Parents, « chers Cousins, vous tous que j'aimais.

« Vive la France.   L. Bouny. »

Transporté à l'Hôtel-Dieu de Chalons pour y subir l'amputation d'une jambe, l'instituteur Léon Bouny expirait une heure après l'opération, en pleine connaissance, fier d'avoir versé son sang pour la France. Il venait d'être promu lieutenant.

CELUI QUI ENLEVA LE DRAPEAU

On n'a pas oublié que les soldats Guillemard et Chomette s'emparèrent du premier drapeau allemand.

Chomette du 298ᵉ d'infanterie, est actuellement à Louviers, où il est entré le 19 septembre à l'hôpital auxiliaire nº 18, pour une plaie profonde à la jambe gauche, causée par un éclat d'obus. Ce brave garçon garde comme une relique la jumelle qu'il enleva à l'officier porte-étendard.

Une récompense lui avait été promise au moment de son beau fait d'armes, mais ayant été blessé quelques jours après, son nom est tombé dans l'oubli.

BRAVES CŒURS

Une brave femme alsacienne, habitant Paris, où elle gagne sa vie à d'humbles besognes, n'avait depuis deux mois reçu aucune nouvelle de son fils parti à l'armée dès le premier jour de la mobilisation. Autour de la pauvre femme, chacun croyait que le jeune soldat était mort ; elle seule espérait, stoïque dans son entêtement. Elle vient de recevoir en même temps deux lettres de son enfant, l'une du 5, l'autre du 13 octobre. Ces lettres naïves et simples sont si touchantes que nous croyons devoir en publier ces extraits :

« Petite mère chérie,

« Enfin je vais pouvoir t'écrire. Après cinquante-deux
« jours de bataille, surtout après R... et l'A..., j'ai un
« repos bien gagné. Je croyais alors me reposer, mais
« c'était si terrible, qu'il fallut presque immédiatement
« repartir pour la grande bataille de la Marne.

« ... Je suis un peu méconnaissable. Je suis presque gri-
« sonnant. Car il faut te dire, petite mère, qu'on fait de la
« fantaisie en ce moment-ci. Il y a des camarades qui ont
« des petites glaces de poche. Alors, on s'admire. J'ai été
« à deux fois avant de savoir si c'était bien moi. Mais ç'a
« n'est rien.

« ... J'espère que tu as pu conserver ton travail, malgré
« ce temps de guerre. Surtout je veux que tu te soignes
« bien, afin que je trouve une bonne et vaillante maman
« en rentrant.

« Il faut que tu me conserves tout ce qui paraît sur la
« guerre, car je veux me relier un beau livre et suivre cette
« guerre phase par phase, moi qui l'ai tant vécue.

« Ton petit François, pour la vie à sa mère chérie. »

« Ma petite mère,

« Je t'écris de nouveau pour te demander de tes nou-
« velles. Je t'ai déjà écrit, mais je ne sais pas si tu as reçu
« ma lettre. Je suis bien aise d'avoir eu un peu de repos
« pour reprendre mes forces. Car nous repartons en... Je
« vais revoir mon village natal, fouler le sol de ma deu-
« xième patrie. Je vengerai grand-père et grand'mère, et
« je tuerai le plus possible de Prussiens. J'en ai tué déjà
« pour ma part, mais ce n'est pas encore suffisant. Enfin,
« il faut espérer que notre chère Alsace, ta patrie, nous
« reviendra, et que c'est moi, ton fils, qui contribuera un
« peu à la ravoir.

« J'ai déjà eu beaucoup de camarades, de vrais amis,
« tués à côté de moi. J'ai de la chance ! J'ai la ferme con-
« fiance de te revenir, car j'ai l'étoile du bonheur qui brille
« pour moi.

« ... Petite mère, ne te fais pas de mauvais sang. Si tu
« voyais quand le canon tonne ! On chante pour en cou-
« vrir le bruit terrible.

« En avant ! En avant ! Pour la Patrie !
« Jamais, jamais, elle ne sera flétrie !

« Jamais ma voix de ténor ne m'a aussi bien servi. Au
« son de la charge on n'est plus des hommes : on est des
« fantômes. La moitié tombe avec leurs chevaux tués. On
« monte sur les autres chevaux, et c'est tout le temps
« comme ça. La fusillade est terrible, mais on n'y fait pas
« attention. Le matin, on est frère d'armes ; le soir, on
« monte sur les cadavres pour se ruer sur l'ennemi... Enfin
« aie confiance, et à bientôt la victoire, et vive la France !
« Et vive l'Alsace qui sera bientôt Française !

« A toi, petite mère ! Je te reviendrai et, par mon tra-
« vail, je t'aurai bientôt remontée.

FRANÇOIS. »

UNE MÉDAILLE BIEN GAGNÉE

Une émouvante cérémonie militaire vient d'avoir lieu
sur l'esplanade des Jacobins, au Mans.

Le général Faurie a énoncé à haute voix les termes du
décret par lequel le Président de la République confère la
médaille militaire au valeureux Rouault et lui a attaché cet
insigne sur la poitrine en lui donnant ensuite l'accolade.

Voici la prouesse accomplie par ce vaillant. Il s'agissait
d'un pont à faire sauter pour empêcher les Allemands de le

franchir. L'officier demanda un artilleur de bonne volonté, en annonçant que celui qui accepterait cette tâche risquait tout simplement sa vie. Rouault s'offrit, fit sauter le pont et survécut au succès de la manœuvre. En un combat ultérieur, il était blessé.

✦

FAMILLES MILITAIRES

Le général de brigade Raffenel, commandant par intérim la 3ᵉ division d'infanterie, dont, d'après la citation à l'ordre du jour, nous apprenions la mort glorieuse à Charleroi, appartenait à une famille essentiellement militaire. Petit-fils d'un officier ayant fait les campagnes du premier Empire, fils d'un explorateur distingué mort jeune au service de la France, il était le père du sous-lieutenant Raffenel, du 48ᵉ d'infanterie, blessé huit jours après la mort du général et dont on est sans nouvelle depuis ; le frère du capitaine de vaisseau, mort alors qu'il exerçait le commandement de la *Bretagne*, du commandant Raffenel, du 103ᵉ d'infanterie, et du contre-amiral de Bon ; l'oncle du lieutenant Raffenel, de l'artillerie coloniale ; du maréchal des logis Raffenel, du 14ᵉ hussards ; de l'élève à l'école navale de Bon ; du lieutenant de vaisseau Theroulde, du vicomte Chalanqui-Beuret, du 2ᵉ cuirassiers.

Sa fin fut héroïque, et la voici telle qu'elle nous fut contée par un de ses proches : « C'était lors de la bataille de Charleroi, à Saint-N..., le 22 août. La journée avait été des plus rudes pour les nôtres. Il était 5 heures du soir ; tout était fini et la victoire ne favorisait point nos drapeaux. Le général voulut lutter jusqu'au bout, même sans espoir et donner sa vie en sacrifice. Descendant d'une ferme de la hauteur de laquelle il avait dirigé les mouvements, il prit un fusil et — tel le roi des Belges — il fit, au milieu de ses hommes, le coup de feu, jusqu'à ce qu'une balle, le frappant en plein front, le vint mortellement atteindre. »

*
* *

Il existe dans l'Albigeois, à Gay, commune de Denat, un vieux métayer du nom de Combes. C'est un ancien combattant de 1870, titulaire de la médaille commémorative, dont tous les enfants — sept fils et deux gendres — sont en ce moment au feu et sous les drapeaux. Deux fils Combes sont blessés. Les autres étaient, il y a quinze jours, sains et saufs, quoique sur le front.

Certes, voilà une famille qui aura bien mérité de la patrie. Le bel exemple qu'elle donne était également à citer.

---

22 BALLES, 4 COUPS DE BAIONNETTE

Un brave garçon, fait caporal sur le champ de bataille, E. P., écrit à ses anciens patrons, M. et Mme Dechezleprêtre, qui nous la communique, cette simple lettre :

           « Bourgoin, 18 octobre 1914.

    « Mes chers patrons,

    « Pardonnez-moi si j'écris si mal : j'écris toujours de
« ma main gauche et ce n'est pas facile, je vous assure ;
« mais que voulez-vous, c'est la guerre ; il faut faire de son
« mieux pour abattre les Boches qui ne nous épargnent
« pas.

    « Mon bras va bien : je vous ai écrit une carte vous di-
« sant que j'ai été blessé, je pense que vous l'avez reçue...
« Les Boches m'ont bien touché au bras droit d'une balle
« explosive, mais ça va beaucoup mieux. Dans un mois,
« j'espère avoir une convalescence et j'irai voir Paris avant
« de repartir au feu.

« Si je suis blessé, je ne l'ai pas volé, car je me suis fait
« sentir aux Boches, ou plutôt je leur ai fait sentir ma
« baïonnette qu'ils craignaient tant. J'ai souvent échappé
« à leurs baïonnettes plates, bien tranchantes. Quatre
« coups ont traversé ma capote ; vingt-deux balles ont
« traversé mes effets : pantalon, capote : j'ai reçu quatre
« balles dans mes galons. Vous voyez si j'étais près d'y
« passer... Je reviens de loin. Les majors ont été bien
« *épatés* en voyant mes effets : aussi le général comman-
« dant la place de Bourgoin est venu les voir aussi et il
« m'a embrassé comme mon père. Je suis bien fatigué, Je
« raconterai ma campagne bientôt.

« Recevez mes amitiés.

« E. P., caporal. »

Nous en publierons d'autres qui montrent l'âme de nos
braves !

✦

LA PRISE D'UN DRAPEAU

Le 6, notre quartier de R... informé qu'un régiment de
uhlans, appuyé par un bataillon de landwehr, avait pris
position à 13 kilomètres à l'est, au passage à niveau d'E...,
décida de surprendre le cantonnement ennemi. Le 7 au
matin, une demi-brigade de nos fusiliers marins, après une
marche de nuit, cernait les troupes adverses. Celles-ci,
jugeant toute résistance inutile, se rendaient.

Cette affaire qui nous laissaient maîtres de la voie ferrée,
allait nous permettre de tenter un coup de main sur B...
Ce bourg, situé à 12 kilomètres de Lassigny, commande
les rails de plusieurs directions.

Le 10, le gros de nos forces se portait de Lassigny vers
l'est par la route départementale. A 11 heures du matin
nous étions en vue de B.., comme nous débouchions en

face du village, une fusillade éclatait, blessant quelques-uns de nos hommes. Jugeant inutile d'exposer dans un assaut à l'arme blanche la vie de nos fantassins, l'état-major donna l'ordre à l'infanterie de se replier vers un bois. Pendant ce temps, nos batteries prenaient position sur la route nationale. Depuis plus d'un mois le bourg avait été évacué par ses habitants. D'ailleurs, nous n'avions pas le choix des moyens. Le village, construit en longueur, présentait en enfilade un merveilleux champ de tir.

Le premier coup d'essai partit, tombant juste sur le château, dont il creva la tour. La distance était bonne. Huit pièces à la fois vomirent les obus. D'une maison une grande flamme s'éleva, puis une autre... Ce fut l'affaire de vingt minutes : tout le bourg était en feu. Nos dragons, eux, cernaient le village, sabrant sans pitié les rares ennemis qui avaient pu fuir.

Mais le grondement de nos 75 avaient donné l'alarme au gros des forces ennemies. Tandis que nous bombardions le village, un *Taube* nous avait survolé. Il nous avait survolé avec profit, car soudain un long sifflement bien connu se fit entendre, et à trois cents mètres en avant de nos batteries un énorme obus allemand tomba, creusant un trou capable d'engloutir une pièce entière, y compris chevaux et canoniers. C'était la grosse *Bertha* qui, de G..., se mettait en devoir de nous répondre sans danger, incapables que nous étions, avec nos légers 75, de donner la réplique à plus de 8 kilomètres. La place devenait dangereuse, nos batteries rapidement obliquèrent sur la gauche.

A ce moment notre cavalerie, qui venait de sabrer les fuyards de B..., devait se replier devant les masses d'infan-

terie débouchant de S... Les Allemands de G... arrivaient
à la rescousse.

Croyant que nous battions en retraite, l'ennemi accéléra
sa marche. Il se dirigeait vers les positions occupées pré-
cédemment par notre artillerie lorsque soudain trois obus
à mitraille, l'un après l'autre, vinrent tomber sur la co-
lonne allemande. C'étaient leurs propres obusiers qui les
arrosaient ainsi de façon profitable. Un mouvement de
recul s'opéra chez l'adversaire, menacé d'être pris entre
deux feux. Le moment était propice pour nous. Notre cavalerie s'était formée en bataille sur la gauche. En vain
l'ennemi cherchait un abri naturel derrière lequel il pour-
rait se masser sans danger. Mais il était trop tard. Les bois
étaient déjà occupés par nos lignards. Au loin, une seule
colline pouvait offrir un abri provisoire. D'ailleurs il y
avait plus de 2 kilomètres à franchir pour l'atteindre. Et
déjà notre cavalerie s'ébranlait.

Nos dragons arrivaient au galop de charge, la lance en
avant. Un feu de salve de l'ennemi en carré n'avait pas
réussi à briser notre élan... La trombe fondit sur le carré,
le brisant, le crevant, l'éparpillant... Piétinés par les chevaux, sabrés par les hommes, les Allemands se déban-
daient. Autour d'un bouquet de sapins quelques-uns
cependant s'étaient ralliés autour d'un drapeau, des officiers, des sous-officiers, très peu de simples soldats.

Sous nos sabres, les derniers défenseurs du drapeau
tombèrent. Seul, un vieux sous-officier prussien restait,
tenant la hampe. A son tour, il chancela, frappé d'une lance
en pleine poitrine.

Le drapeau était à nous. C'était celui du 6e poméranien.
Sur son étamine criblée de balles, on pouvait lire l'ins-
cription : *Champigny 1871.*

LE COMMANDANT MÉHU

Nous recevons communication du document suivant qui relate la mort de notre compatriote le commandant Méhu et du capitaine Brunet-Lecomte. C'est une lettre adressée à Mme Méhu par le commandant X... qui prit part avec le commandant Méhu au combat où il fut également blessé.

« Madame,

« Je n'ai appris qu'après mon entrée à l'ambulance le « terrible malheur qui vient de vous frapper et j'en suis « encore tout bouleversé.

« Nous avions préparé ensemble avec le commandant « Méhu cette attaque du 6 octobre qui devait se déclan-« cher à 14 heures. Il avait reçu une mission spéciale qui « ne l'exposait pas plus que les autres jours, et j'admirais « même sa placidité d'esprit.

« Quand, vers 13 heures, j'ai été atteint au cours d'une « reconnaissance par une balle qui en me traversant la « cuisse occasionna une hémorragie et me força à quitter « le champ de bataille, je passais donc le commandement « au commandant Méhu, espérant que cette occasion le « mettrait en avant et lui ferait obtenir le cinquième « galon, qu'il désirait tant pour pour vous ; j'en étais tout « heureux pour lui.

« La nouvelle de sa mort m'a profondément troublé, elle « m'a été apportée à l'ambulance par le sous-lieutenant « Chaligne qui, blessé au bras, est venu me raconter com-« ment les choses s'étaient passées.

« Le signal de l'attaque devait être donné par des obus « éclatant très en l'air et la compagnie Brunet-Lecomte « devait s'élancer contre la lisière du bois. Mais par suite « d'une circonstance encore inexpliquée, ces obus écla-

« lèrent à hauteur des arbres et ne furent pas aperçus par
« le capitaine Brunet-Lecomte. C'est alors que votre mari
« n'écoutant que son courage et craignant que l'ennemi ne
« regagnât les tranchées dont il venait d'être chassé par
« l'artillerie, se précipite en avant pour prévenir Brunet-
« Lecomte. A peine avait-il fait quelques pas qu'il tombe
« foudroyé par une balle à la tête.

« Brunet-Lecomte s'élança à son tour pour entraîner
« ses hommes en dehors de la tranchée, il fut frappé éga-
« lement au front. Le sous-lieutenant Chaligne prenant le
« commandement fut atteint aussitôt au bras. Le sergent
« de la première section tomba également dès qu'il fran-
« chit le parapet.

« La mort du commandant Méhu si apprécié de tous,
« officiers et soldats, est une vraie perte pour le régiment.
« Il est tombé en brave faisant plus que son devoir et nous
« laisse un exemple d'héroïsme qui nous aidera à accom-
« plir notre devoir jusqu'au bout.

« Je viens d'écrire au lieutenant-colonel Valentin qui
« commande le   ᵉ depuis le 8 octobre pour lui demander
« de faire citer le commandant Méhu à l'ordre de l'armée.
« C'est une bien petite consolation dans votre douleur,
« mais c'est une marque d'affection à laquelle souscrira
« tout le   ᵉ.

« Le corps du commandant Méhu a pu être rapporté
« dans l'église de X... et l'enterrement a eu lieu dans la
« nuit du 7 au 8 octobre ; il repose dans une bière à part
« dans le cimetière du village non loin de Brunet-Lecomte,
« du sous-lieutenant Arnoux et d'un certain nombre
« d'hommes du   ᵉ.

« Je voudrais que ces quelques lignes vous disent la part

« que nous prenons à votre douleur et l'affection que nous
« avions tous pour le commandant Méhu. »

PHOTOGRAPHIE SOUS LE FEU

A M..., dans la Meuse, un régiment d'infanterie se trouva
pour la première fois sous le feu de l'artillerie allemande.
Les hommes hésitèrent, ils eurent un léger mouvement
de recul. Si léger qu'il fut, il n'échappa pas au lieutenant
qui comprit.

Alors, voici ce que fit le lieutenant pour rendre le calme
à ses hommes et les mettre en confiance. « Halte ! com-
manda-t-il, l'arme au pied ! »

Tranquillement, comme s'il se fût trouvé dans la cour
du quartier et tournant le dos à l'ennemi, c'est la première
et seule fois, il photographia sa section : « Ne bougeons
plus ! » sous la rafale des obus.

Puis le régiment se remit en marche étonné, mais tout
de même réconforté.

La fin de l'histoire est plus triste. Le lieutenant P... D...
tomba un peu plus tard, frappé à la tête par un éclat
d'obus.

A LA BAIONNETTE

On nous communique la lettre suivante adressée par un
officier français à un de ses amis de Suisse :

Nous avons pris les avants-postes au Col... De mon
petit-poste je découvrais les pentes boisées où nous nous
nous étions battus la veille et la riante vallée où se cache
le village de ... dont j'aperçois le clocher et quelques mai-
sons à toits d'ardoises. Une crête s'avance en promontoire
et finit à pic au-dessus du village. A la pointe de cet épe-

l'on se dresse une grande croix en bois : c'est le Calvaire. Les Allemands ont établi leurs tranchées sur cette crête et commandent de là le fond de la vallée et du village.

A l'aube, nous recevons l'ordre du départ. Nous avançons en silence dans les bois. Les arbres sont hauts, la marche est facile. A travers les grands fûts des sapins nous apercevons encore la vallée, par intervalles, et cela nous permet de savoir où nous allons : à l'attaque du village.

Un sifflement aigu et prolongé déchire l'air et se termine en un fracas de tonnerre que tous les échos de la forêt répercutent. Sur une ferme, là-bas, de l'autre côté de la vallée, vient de s'élever un léger nuage de fumée. Le canon nous appuie. Il ne cessera plus de gronder jusqu'à la fin de la bataille. Quand nous arrivons à la lisière du bois, les compagnies reçoivent leurs objectifs d'attaque : « La deuxième au Calvaire ». Nous allons donc enlever les tranchées que nous avons repérées hier. Hardi, mes amis, nous avons du bel ouvrage ! La compagnie prépare le débouché du bois. Nous en sortons déployés en tirailleurs, sous le feu intense des tranchées ennemies. Les Allemands tirent vite, mais ils tirent mal, et nous perdons peu de monde. Cependant notre marche progressive devient de plus en plus pénible. Nous essuyons maintenant le feu de fractions ennemies placées sur notre flanc gauche. L'effet de ces feux est terrible. Nous ne pouvons penser à nous arrêter et creuser le sol, car l'ennemi tire sur nous de haut et nos trous seraient inutiles. « En avant. »

Nous arrivons enfin au fond de la vallée. Maintenant, plus nous avancerons, moins le danger sera grand, car la même masse de terre sur laquelle l'ennemi a établi ses retranchemements gênera son tir. « Pas gymnastique jusqu'au ruisseau ! » Le filet d'eau coule au bas de la pente abrupte. Là, nous sommes dans l'angle mort. Le danger est presque nul. Respirons, reprenons haleine. Je reforme mes hommes en bon ordre et nous repartons.

Maintenant nous montons à l'assaut du mamelon, à la baïonnette. Les tranchées sont là-haut, la côte est rude.

« Du courage, mes amis, nous arrivons au but. Du courage ! » Ils n'en manquent pas, mes braves, mais la marche d'hier a été pénible, la nuit sans sommeil, le sac est lourd et la pente est tellement forte qu'il faut, par moments, s'aider des mains pour la grimper. Le courage ne faiblit pas, au contraire, la difficulté même le soutient ; mais les forces s'épuisent. Nous nous arrêtons tous les vingt mètres pour reprendre haleine.

Allons-nous pouvoir arriver ? Je me retourne pour chercher un encouragement nouveau dans le mouvement des fractions voisines, et voilà que j'aperçois là-bas, dissimulée à la lisière du bois, une batterie de montagne. D'un grand geste du bras, je lui indique la tranchée devant nous. Mon geste a-t-il été vu ? J'en doute. « Encore un bond, mes amis, la baïonnette haute. Préparez-vous. » Un sifflement strident se fait entendre au-dessus de nos têtes, suspendant mon commandement. Il est aussitôt suivi d'un fracas effroyable. L'obus français est tombé là, devant à 50 mètres à peine, dirigé avec une admirable précision sur la tranchée ennemie. Je termine le commandement interrompu : « En avant ! A la baïonnette ! » Le cri sonne comme un bruit de clairon et nous nous élançons dans un bond de victoire jusqu'à la tranchée. L'ennemi s'enfuit sur la pente opposée. Le Calvaire est à nous.

ADMIRABLE COMBAT NAVAL

Un officier de l'*Undauded* envoie un émouvant récit du combat naval pendant lequel quatre contre-torpilleurs allemands furent coulés sur la côte de Hollande :

En nous dirigeant au nord le long de la côte de Hollande, nous apercevions les fumées de quatre navires. Notre commandant fit sonner immédiatement le branle-bas et fit hisser le signal de chasse.

Les torpilleurs allemands, en nous apercevant, virèrent de bord et prirent la fuite. Mais nous avions l'avantage de la vitesse. Nous arrivions bientôt à portée et nous ouvrions le feu avec nos pièces de chasse de 150. Les contre-torpilleurs allemands, se voyant menacés, modifièrent leur marche pour obtenir une meilleure position tactique. Ils ouvrirent à leur tour le feu sur nous, visant principalement nos contre-torpilleurs.

Des hourras joyeux retentirent sur nos navires quand la première unité allemande fut engloutie. Un obus de 150 le frappa juste au-dessous de la passerelle. Il se coucha sur le flanc comme un oiseau blessé, puis il se redressa et fit le plongeon final par l'avant, le tout en l'espace de deux minutes.

Les trois navires restants commencèrent à lancer leurs torpilles et, autant que nous pouvions juger, ils en lancèrent au moins huit. L'une d'elles passa à quelques mètres seulement de notre arrière; heureusement nous aperçumes les bulles d'air qui crevant la surface indiquaient leur roulis et ceci nous permit de les éviter.

A 2 h. 5, le second navire ennemi était désemparé, l'avant et l'arrière étaient en feu et nous pouvions voir l'effet terrible de nos obus à lyddite. Quand chaque obus atteignait son but, les cheminées, la passerelle et tout ce qui se

trouvait sur le pont disparaissaient comme par magie. Le
fumées mortelles de l'explosif couvraient les navires de
l'avant à l'arrière.

Nous avons passé juste à l'endroit où le premier contre-
torpilleur avait coulé et, pendant deux secondes environ,
car nous marchions à 30 nœuds, nous apercevions des
douzaines de pauvres diables accrochés à des débris flot-
tants. C'était véritablement un spectacle affreux.

Comme nous avions encore deux ennemis à combattre,
s'arrêter un instant, même pour sauver des existences hu-
maines, aurait été nous exposer à un désastre, car nous
nous serions simplement exposés à être torpillés. Nous
devions donc continuer notre route et nous efforcer d'ou-
blier le terrible résultat de notre besogne.

Le deuxième navire, maintenant une masse de flammes,
coula et bientôt les deux qui restaient étaient littéralement
criblés et hors de combat. Leurs tirs étaient extrêmement
médiocre, bien que plusieurs obus aient semé des balles
autour de nous. Les contre-torpilleurs *Loyal* et *Lennox*
arrivèrent très près des navires allemands. L'un d'eux tira
sa dernière torpille qui manqua le but.

A 3 h. 30 le combat était terminé et la flotte allemande
diminué de quatre unités.

Nous nous sommes occupés alors de mettre les canots à
la mer pour sauver des existences. Nous avons pu recueillir
en tout 2 officiers et 29 hommes. L'un des officiers, le capitaine du contre-torpilleur *S-19*, était si sérieusement
blessé qu'il mourut peu de temps après.

L'équipage des quatre navires devait s'élever à 240
hommes : il en périt donc 200 environ dans ce combat d'une
heure.

GÉNÉRAL MARABOUT

C'était à Reims, le 19 octobre, vers 3 heures. Le cardinal Luçon, accompagné des abbés Camus et Neveu, ses grands vicaires, visitait les blessés à l'hôpital complémentaire B (maison de retraite des Frères de la Doctrine chrétienne).

Dans une salle où sont alités un certain nombre de tirailleurs soudanais, le prélat adressse en passant un salut cordial à chacun des patients. Soudain, il s'arrête au chevet d'un diable noir, à face énergique et intelligente, qui grelotte de fièvre.

Le médecin-chef Barillet, désignant le cardinal, explique au nègre que c'est le général Marabout. A ces mots, le tirailleur s'est dressé sur son séant. Il salue militairement et d'un suprême effort serre convulsivement la main du prélat.

NOS AVIATEURS

Il est bon de relater le récit par lequel le jeune mécanicien qui accompagne le lieutenant aviateur Paulhan, raconte les péripéties d'un récent voyage au-dessus des lignes ennemies.

Les deux aviateurs avaient reçu mission d'aller à Amiens. Ils résoluren' de ne point contourner l'ennemi, mais au contraire de survoler à 2.500 mètres des positions. Soudain, dans une trouée de brouillard, au-dessous d'eux, ils virent un avion ennemi qui, les apercevant, prit la fuite. Le mécanicien arma sa mitrailleuse. Une bombe eut raison du *Taube* qui s'écroula.

Ce bel exploit avait été aperçu de l'ennemi. Des coups de fusil furent tirés sur l'avion français dont les ailes d'abord furent traversées. Ce fut bientôt le tour du moteur. L'instant était critique. Il ne fallait pas tomber aux mains des Allemands. Heureusement, les lignes françaises n'étaient pas fort éloignées. A force de sang-froid et, grâce à un vent favorable, Paulhan put atterrir derrière une batterie française, au milieu d'un régiment de chasseurs.

Immédiatement, Paulhan et son mécanicien mirent la mitrailleuse en position, tandis que le commandant français leur donnait une vingtaine d'hommes. Des cavaliers ennemis arrivaient. La mitrailleuse fait dans le groupe un terrible travail. Les chevaux tombent, des hommes sont tués ou blessés; mais les chasseurs qui entourent les aviateurs se lancent à la baïonnette et, en quelques minutes, le reste des ennemis s'enfuit ou est fait prisonnier.

$$\blacklozenge$$

BEAUX FAITS D'ARMES

A Sailly-sur-la-Lys, à douze kilomètres des faubourgs de Lille, un pont tournant enjambe le fleuve. Point stratégique important. Il faut arrêter la poussée des adversaires sans faire sauter le pont.

Le colonel du ... régiment de dragons appelle le cavalier F..., le premier tireur de son régiment : « A toi l'honneur ! » lui dit-il simplement.

Avec les deux compagnons qui lui tiennent les carabines prêtes, F... se cache derrière une mule, à 70 mètres du pont. Deux lanciers arrivent en éclaireurs au petit trot, il les tue : trois ensuite, il les tue encore. Cinq uhlans, six minutes plus tard, subissent le même sort. A chaque coup, F... fait mouche. Il en tue 30 ainsi à la suite. Ces 30 morts, mieux que tout vivant, ont gardé tout le jour le pont inaccessible.

Le soir en rentrant, devant les hommes, le colonel a embrassé F...

A Sailly-sur-la-Lys encore, un peloton dissimulé dans un bois voit apparaître au loin dans les brumes les silouettes d'une patrouille. Le maréchal des logis G... qui commande, ordonne à ses hommes de ne bouger sous aucun prétexte quel que soit le cri qu'il pousse.

La veille, son chef, le lieutenant D..., a été tué traîtreusement d'un coup de revolver tiré à bout portant par deux boches habillés en civil. « Vous allez voir, dit-il à ses hommes, comment on venge son chef. »

Et sautant à cheval, lance haute, il fonce sur la patrouille.

A 10 mètres des cavaliers, de sa terrible voix de commandement, il hurle : « Chargez ! Chargez ! » La patrouille de cinq uhlans, croyant avoir affaire à une forte troupe, tourne bride et veut fuir.

Le maréchal des logis G... en cloue un de sa lance entre les épaules, sabre deux autres d'un double coup de pointe au flanc et, comme l'arme lui glisse des mains, assomme le quatrième à coups de crosse de son mousqueton. Un seul a pu échapper. Celui-là poursuivi par le terrible cri : « Chargez ! Chargez ! » a dû raconter à son escadron que tout un régiment pour le moins était posté aux abords du bois. Les Allemands ont reculé ; on ne les a plus revus sur ce point. Le chef a été vengé.

◆

LA MORT D'UN SOLDAT

On dit que la mort grandit et embellit ceux qu'elle touche ; et cela doit être vrai surtout de la mort devant l'ennemi, car un soldat qui tombe est déjà un héros.

Celui-là n'était qu'un Français, comme les autres, qui poursuivait une vie honorable et modeste, rien d'héroïque.

Et maintenant, dites-moi si vous avez lu dans aucune épopée, si jamais imagination de poète rêva rien de plus noble, de plus majestueux, que ces simples lignes que je transcris ici pieusement :

— Ceci se passa le jeudi..., dans le département de la Marne, aux environs de ...

« J'attends un secours qui ne vient pas, et je prie Dieu « de me prendre, car je souffre atrocement.

« Adieu ma femme et mes enfants chéris ; adieu à ma « famille que j'ai tant aimée...

« Je demande à ceux de mes chefs qui trouveront ce « feuillet de le faire parvenir à Paris, à ma femme, en « même temps que le portefeuille que je laisse dans la « même poche de ma capote...

« Réunissant mes dernières forces, j'écris ceci, étendu, « les deux jambes brisées, sous la mitraille :

« Mes dernières pensées sont pour mes enfants, pour « toi, ma chère femme, la compagne de ma vie, ma femme « aimée...

« Vive la France ! »

NOS SOLDATS STÉPHANOIS

Un train sous la mitraille. — Un contre neuf. —

Un réserviste stéphanois, blessé au cours d'un des combats de la Marne, nous a raconté dans quelles circonstances il reçut le baptême du feu avec ses camarades.

Il faisait partie d'un détachement de quatre cents hommes du 238e de ligne, qui avait été embarqué à Saint-Étienne et dirigé tout de suite vers la ligne de feu. Le train suivait un convoi de munitions que le détachement était chargé de protéger.

Tout le monde chantait dans les wagons. Les hommes avaient quitté leurs capotes, car ils faisaient chaud et déjà ils mangeaient avec appétit les provisions que les épouses ou les mères avaient glissées dans les musettes.

On venait de dépasser N..., lorsque soudain une grêle de balles sur les wagons.

Le mécanicien stoppa.

Les réservistes se rhabillant en hâte, sautèrent sur le ballast et quelques secondes après tous les soldats abrités derrière le remblai de la voie et des amas de traverses, ripostaient au feu des Allemands arrivés trop tard pour surprendre le convoi de munitions. Le second repartit vide à toute vapeur.

Les Allemands, qui étaient près de trois mille, croyaient avoir à faire à des adversaires beaucoup plus nombreux et n'avançaient que très prudemment et par bonds.

Un combat furieux s'engagea et se prolongea tout un après-midi. Un des nôtres, fait prisonnier, alors qu'il s'avançait trop imprudemment, fut contraint de se placer devant les rangs ennemis. Il essuya plusieurs décharges de ses camarades qui, finalement exaspérés par tant de barbarie, chargèrent à la baïonnette pour délivrer, coûte que coûte, le malheureux exposé à leur feu.

L'audace des braves réservistes réussit. L'ennemi céda du terrain, abandonnant le petit fantassin, un ouvrier mineur de Villars.

— Merci, les amis, s'écria-t-il avec émotion. Je reviens de loin! Je croyais bien ne plus revoir le clocher de Villars!

Et saisissant le fusil d'un homme tombé, il chargea avec ses camarades.

Après trois attaques vigoureuses, nos soldats furent dégagés par des renforts. Leurs pertes étaient sensibles; celles des Allemands étaient considérables.

C'est ainsi que quatre cents réservistes de Saint-Étienne reçurent le baptême du feu.

Le lendemain, nouveau combat, mais à plus grande distance. La lutte fut moins meurtrière, ce qui fit dire à un de nos mineurs :

« Hier, j'en ai tombé *(sic)* une dizaine, aujourd'hui je « crois que je n'en ai touché qu'un. Je n'ai pas gagné ma « journée. La France mange de l'argent avec moi. »

COMMENT SE BATTENT NOS TERRITORIAUX

Il y a quelques jours, un communiqué officiel annonçait qu'une formation de territoriaux avait été chargée de défendre certains points de notre extrême gauche. On ne nous disait pas, par contre, quelle avait été la tenue de nos vétérans devant l'ennemi. Un de nos confrères italiens, M. Charles Scarfoglio, a assisté à quelques-uns des combats qui ont été ainsi livrés dans le Nord, et fait de nos territoriaux le plus grand éloge.

Ce sont des territoriaux, dit-il, qui furent chargés de modérer l'avance des Allemands descendant du Nord-Est et ils s'en acquittèrent fort bien. Pendant trois jours et trois nuits, près de ..., ils continrent les Prussiens. D'ailleurs, j'ai pu savoir que ... fut soutenue par cette territoriale trop calomniée qui, bien que privée d'artillerie, mais abondamment ravitaillée en vivres et en munitions, défendit férocement le terrain à l'activité allemande.

A la frontière belge, les Allemands avançaient en détail et en masses. Les territoriaux leur opposèrent une résistance acharnée, notamment au sud de Lille, où ils mitraillèrent les Bavarois. L'abnégation et la valeur des territoriaux ont eu ainsi pour résultat de retarder pendant cinq jours le mouvement de von Kluck. Ils ont eu, en ce faisant, d'autant plus de mérite qu'ils avaient à lutter contre des masses allemandes beaucoup plus jeunes, plus souples et plus entraînées. Ces combats du Nord furent pour eux de grands succès.

NOTA

Toutes les familles connaissant les actions d'éclat de leurs parents et désirant en conserver le souvenir sont priées de nous adresser les renseignements nous permettant de les relater dans notre publication. Les **Pages de Gloire** *publient encore les actes de dévouement du Service sanitaire. Écrire personnellement au Secrétaire des* **Pages de Gloire,** *10, Place des Célestins, Lyon.*

www.ingramcontent.com/pod-product-compliance
Lightning Source LLC
LaVergne TN
LVHW050332030726
842520LV00005B/1900